阪神大震災

そのとき、何を感じ、何を見て、何をしたか

館　薫

はじめに

２０２４年元日の午後4時過ぎ、能登半島地震が起こる。そのとき私は兵庫県芦屋市の自宅にいた。石川県加賀市に住む次女家族（次女夫婦と子ども４人）が、わが家に自家用車で帰省中であった。長女も子どもふたりと年末の休日を利用して新幹線で帰省していたが、元日の昼頃、住まいのある千葉県松戸市に向けて発っていた。

テレビの緊急地震速報の字幕が出ると、次女はすぐに加賀市の姑や七尾市の友だちに電話をした。無事を確認し、地震の状況を聴き、その場にいるみんなに伝えた。

次女家族は、当初の予定では2日の午後にわが家を発つつもりでいたが、地震の影響で北陸方面の道路が混むかも知れないということで、翌日、１月２日の朝早く車で出発した。

その後、テレビや新聞などの報道機関の現地の取材が進み、大地震であることがわかる。被害状況が毎日、さまざまなメディアによってたくさん報道されている。まさに今２０２４年11月も、現在進行形だ。復旧・復興は遅々として進んでいない。

そんな報道に接するたびに、30年前の阪神大震災（公的には『阪神・淡路大震災』と言われているが、ここでは『阪神大震災』という）に遭ったときのことを思い出す。無意識に、そのときの情景、状況と比較しながらテレビを見、新聞を読んでいる。

すなわち能登半島地震の記事を読み、映像を見ていても、その先に、自分自身が経験した阪神大震災の出来事を見て、考えている。

なぜかと自問した。

答えは、阪神大震災が私の人生で一番大きな出来事、まさに衝撃的な事件であった、そのためである。そのことに気付いた。私にとって、阪神大震災を超える経験はなかったということである。

阪神大震災のそのとき、私、また一緒にいた家族は、何を感じたのか、何を見たのか、何をしたのか、何を知ったのか、何を思ったのか。この手記は、その記録である。

また阪神大震災後、たとえば5年後や30年後のときを経て、何を思ったかの記録でもある。

*

この手記は、小林文武さんが主宰・編集する材料開発ジャーナル誌『バウンダリー』に掲載された、阪神大震災の私の現地レポートがもとになっている【注1（巻末）】。

阪神大震災が起こった1995年1月17日の翌日18日の夜、

「2月号に震災の現地・芦屋市の現状報告を書いてもらえないか？　できればしばらく連載でお願いしたい」

と依頼の電話が、小林文武さんからあった。

バウンダリー誌に1995年2月号～8月号の7か月間、投稿し掲載されたレポートがもとになっている。また震災から5年後の2000年1月号に当時の芦屋の様子を報告した。

この手記は、バウンダリー誌に投稿したものをベースにして30年前の阪神大震災のことが書かれている。もちろん必要な場合には、現時点での補足を若干行った。

そして阪神大震災の30年後の今、当時を振り返り、私が何を思ったか、を最後に述べる。

【目次】

第1章　阪神大震災　発生

私は、兵庫県芦屋市の六甲山系の中腹にある奥池・奥山貯水池（海抜約500m）の近くに住んでいる。そこは瀬戸内海国立公園内である。

阪神大震災では、家族、すなわち妻、娘ふたり、私の父の5人、それに飼い猫も含め、みんな無事だった。また家屋の方も倒壊を免れた。

被害を記すと、以下のとおりだ。

・部屋の書棚が倒れて壊れた
・本がごちゃごちゃになった
・テレビが倒れ、ビデオデッキが壊れた
・物入れの棚が壊れた

・食器棚からいくつかの食器が落ちて壊れた（高価な食器が割れ、安物は割れず強かった）等々それぐらいの被害であった。

多数の死者（４４４人）の出た芦屋市全体の被害の甚大さに比べれば、私の場合、幸い被害と呼べないほどの微々たるものであった。

１９９５年2月号向けの手記の執筆中の1月下旬時点では、まだ気持ちが落ち着かないため、思いつくままに地震の体験を書いていく。

(1) 地震の実感 （１９９５年2月号）

『言葉では言い表せない怖さ』

夜明け前の5時46分の地震発生時、私はまだ寝ていた。そのとき、「ドンッ」という衝撃で目が醒めた。すぐに地震と感じた。表現しにくい音を伴った激しい揺れであった。どういう音か記憶には残っているが、うまく表現できない。

揺れについての娘のたとえ話の表現で言うなら、

「ジェットコースターに乗っているような」

また、

「シェーカーに入れられて、激しく振られたような」

とにかく加速度の大きな音を伴う振動だった。今まで私が経験したことのない規模と性質のもので、

「ああ家が潰れる、死ぬかもしれない！」

と思った。

壁がグニャグニャに曲がって今にも折れそうに見えた。ツーバイフォー工法のわが家の壁が、あたかもノートに鉛筆書きをするときに使うセルロイドの下敷きを曲げたようにうねって見えた。実際に曲がっていたのか、あるいは振動により見かけ上、そう見えただけなのかはわからない。

そのとき、私は覚えていないが、妻が言うには、

「オーオー」

と声を出していたそうだ。

その恐ろしい情景から目をそむけたいという気持ちから、私は頭にふとんをかぶった。す

なわち身を守るという行動ではなく・・・。そのうち、ふとんの中で、

「避難をしなければ」

と思い、ふとんから顔を出し、部屋の引き戸の方を見た。

常夜灯の灯りの中で見えたのは、私の足元のふとんの上で寝ていたはずのわが家の三毛猫タマが、何と！　必死で引き戸を開けようとしていた。一瞬、タマと目が合った。が、タマは少し開いた引き戸の隙間から出て行った。私と同じく妻もこのタマの果敢な（？）行動を見ていた。

タマ同様、私も家具につかまって戸を開けに行こうとした。しかし、揺れが大きくてとても立てなかった。

その頃にようやく揺れが小さくなりはじめた。そのとき、停電になり常夜灯が消えた。実際に揺れた時間は15秒ほどであったが、感覚的には非常に長く感じた。

家族みなが廊下に出てきて、夜明け前の薄明かりの暗がりの中で全員の無事を確認し合う。愛猫のタマの姿は見えなかった。

とにかく動物的、本能的な怖さを感じた。今でもまだ体がおぼえている（1月29日時点）。余震に対してばかりではなく、新幹線の列車のすれちがい時の衝撃的な振動にも過敏になっ

ている。

『生きていてよかった！』感

地震がおさまってから思ったのは、

「死なずにすんで、生きていてよかった！」

ということである。家族に不幸がなかったからかもしれないが、命が助かったことに、何かに感謝したい気持ちである。

神戸三宮の生田神社が地震で倒壊したことを聞いた。今年は生田神社に初詣していたので、

「われわれの身代わりに倒れてくださった」

などと娘も神妙に話している。

また自然の力を思い知ったことで、自分自身がいくぶん自然に対して敬虔になったように思う。

地震後の住民・被災者が取った穏やかで冷静な行動が評価され、今回の阪神大震災の特徴にもなっている。そうした穏やかさや冷静さの原点には、被災者の心の中に、

「生きていてよかった！」

という気持ちがあると私には思える。地震の恐怖の体験の共有と生き延びて『生きていてよかった！』感が、人をガツガツさせなかった。

いろんな意味で、地震とその後の生活は、私をも含めた被災者に、生き方を考えさせた気がする。

安全な家・街づくりが基本

初動の遅れや危機管理がマスコミで取り上げられているが、今回の地震の体験から言えることは、

「家が壊れてしまえば95％以上死ぬ、助かるのは運のみ」

というのが実感。そのため、まず、

「壊れない家・街づくり」

が基本だと思う。

阪神大震災はまだ現在進行形である。マスコミ報道による、初動などに問題があったことは事実であるにしても、壊れた後の下敷きになった人や生き埋めになった人の救出の遅れにばかりクローズアップするのは、どこか違っているように思う。

回線が混んでいてなかなか通じない中、安否を心配してかけていただいた電話には、ほんとうに励まされる。

ほかにも感じたことが多く、機会があれば落ち着いてから述べたいと思う。

最後に、被災地へのバウンダリー誌の読者の皆様からの今後とものご支援を心よりお願いしたい（1月29日記）。

(2) ライフライン　その1（1995年3月号）

前月に続いて阪神大震災とその後の体験や感じたことなどを、バウンダリー誌の『寸談時評』の欄で書かせていただく。

芦屋市内といっても住居が六甲山中の地域のため、地震の被害は軽いものであった。しかし、その中でのわが家の電気や水、ガスといった、いわゆるライフラインの状況と復旧にまつわる出来事を最初に取り上げたい。

電気──電磁調理器が便利

地震で揺れている途中に停電した。午前6時前であったのでまだ暗く、懐中電灯を点けた。わが家では、暗くてもわかるように赤い点滅シグナル付き常備灯（懐中電灯で、壁から外すと点灯する）を昨年1994年末に壁に取り付けていた（これには後述のようにそれなりの理由がある）。そのため、明かりはすぐに得られた。

地震の2時間後には電気は回復した。倒壊の激しかった市街地ではもっと遅くなった。電気の回復は、希望を与えたというか、生活への不安を少なくさせてくれた。

寒い季節であり、停電していた時間が短かったので、冷蔵庫の中の冷凍食品なども無事であった（以前、真夏に冷蔵庫のコンプレッサーが壊れて内部の物を処分するのに困った経験がある）。食料の確保という意味で重要であった。

私の住む六甲山系中腹の地域には、一昨年1993年より商店が一軒もなくなった。そのため、備蓄というよりも、日常生活でも買い置きがたくさんあった。このことは、食べ物の心配はしなくてもよいという心理的な余裕にもなった。

地震当日の朝食用のご飯も、運良く炊飯器のタイマーを1時間早くセットするミスをしていたので、地震のときにはちょうど炊きあがっていた。このご飯は、夕方におにぎりとなって芦屋市街地の被災者の知人へ差し入れした。思いのほか喜ばれた。

ガスの使えない生活で、特に暖かい料理を作るという観点から言うと、電子レンジはもちろんだが、電磁調理器（ホテルに備え付けられている湯沸かし用よりも大型のもの）が重宝した。同居している父が自分の部屋で使っていたものである。鉄やステンレス製の鍋ややかんを使えば、お湯を沸かし、煮炊き料理をガスと同様にできる。火災に対し安全であるし、火力（電力）も結構強いので、

「便利なものができているなあ」

と思った。

父が買った電磁調理器は、昔は5万円もしたようだが、地震後にスーパーに山積みされていたのを見たら、3分の1の値段の1万7千円程度であった。

普段に近い食生活を可能にさせ、また市街地の知人へのお湯の配達（毎日の差し入れ）に、この電磁調理器は威力を発揮した。

水──妻の殊勲（直後に水を貯める）

地震後、約30分経ってから断水。わが家は芦屋市の貯水池・浄水場のすぐ近くのため、1

月23日、芦屋市（地域でも）で最初に水道が復旧した。

　１９８３年まで10年ほど東京に住んでいたときの防災訓練などの経験からか、妻は地震後ただちに、すなわちまだ水道が出る間に、浴槽や鍋、バケツなど水が貯められる容器すべてに水道水を貯めた。貯め終わった頃に断水。この妻の機転と行動は、殊勲賞ものである。

すぐ隣りに奥山貯水池と奥池があり、まわりが山で、歩いて20分も行くと沢の水がある。いわゆる〝六甲のおいしい水〟がある。したがって、断水しても飲み水や生活用水には困らないと思っていた。実際、私たちの家族にとっては、そのとおりなのだが、高齢者や体の不自由な方や車の運転のできない場合には、地震後の断水には大変苦労されたようだ。

　その当時は、地域（奥池地区）の方々は大丈夫と思い、そこまで気が回らなかった。

　市街地に給水車が出回りはじめた地震翌日の18日夜、浄水場（わが家から約５００ｍ）に設けられた水道が出るようになり、使用可能になった。ポリタンクなどを持っていけば水がもらえるようになった。山奥で交通の不便なところではあるが、幸い、浄水場があり、もらいに行けばいつでもいくらでも水が供給された。これは助かった。市街地で給水車から水の供給を受けている被災者の方々から見れば、まさに天国である。

　浄水場に水をもらいに行くにしても、確保できる水量は、自動車が運転できるかどうか（もちろん、ガソリンがあるかどうかも重要）、適当な容器があるかどうか、持ち運ぶだけの体力があるかどうか等々に依存する。わが家の場合は車のガソリンも地震の前日に給油し、幸い満タンであったので、車を使って日に１００リットルほどを運んだ。

妻のアイデアでゴミ用によく用いる厚めのポリ袋を衣装箱に入れて、そこに水を入れる臨時の容器を作製し用いた。水を入れて約20kgと、ひとりで持ちやすい。また蓋もあって重ねられ、水がこぼれず、車のトランクにちょうど入りやすく、非常に便利であった。

車が使えず、またポリタンクやバケツなど適当な容器を持っておられないためか、あるいは体力がないためか、小さな鍋やポットなどで水を取りにこられている高齢者の方がおられた。

近所の高齢者や市街地の知人や友人に、妻と娘が毎日、水や湯の差し入れをしていた。が、奥池地区住民の中にも水の確保で困っておられる住民がたくさんいたのでは、と反省している。

(3) ライフライン　その2　水の容器、ガス、商店（1995年4月号）

水の容器

給水場所などで見ていると、容器には各家庭で工夫がされていた。先に紹介した衣装箱＋ポリ袋の活用も、何軒かで行われていたし、ポリのゴミ箱に使うのと同じ容器の中にポリ袋というのもあった。

お湯の保管容器としては、発砲スチロールの箱（約40㎝角）にアルミホイルを内張りし、その中にポリ袋を入れる方法がなかなかいいようだ。前述の電磁調理器でお湯を沸かしてこの容器に入れておくと、翌日でも水でうすめないと熱すぎて手が入れられないくらいの高温である。

食器洗いや顔、手を洗ったりするときに、何といっても冬場にはお湯は貴重だ。また2箱ほどの熱湯を貯めると、ひとりが風呂場でじゅうぶん、行水ができた。

ガスの出ない地域や避難所暮らしの方へのお湯の差し入れは、お茶など飲料としても、また洗顔や洗い物用としても、たいへん喜ばれた。

ガス、復旧の拠点作り

地震直後、家の前の道路に出た。夜明け前の薄明かりの中、向かいの住民家族と会い、お互いの無事を喜んだ。そのとき、ガスの匂いがしていた。隣人と会ったことで、１００mほど離れた同じ町内（自治会の同じ班）の高齢者姉妹のことが思い浮かび、妻とすぐに声掛けに向かった。ふたりとも元気にされていた。地震後の訪問を、ことのほか喜ばれた。

地震直後は水道と同様、ガスも使用できていた。しかし、正確な時間は記憶していないが、しばらくしてガスは停止した。

結局、わが家では電気（当日1月17日）・水道（1月23日）に比べてガスの復旧がもっとも遅れ、2月14日であった。それでも次のような理由から私の地域は芦屋市内ではもっとも早くガスが復旧した。

私の住む奥池地域には、大阪ガスの研修センターというか保養所がある。ガスの補修工事は、ガス管のつなぎ部でことごとく道路を掘り起こさねばならないので、大量の人と重機が必要になる。

水道の場合も、全国から専門の労働者が応援に来られたが、ガスの場合も、大阪ガスの指揮のもとに九州の西部ガスや広島ガスなどの多数の労働者、自動車、重機が応援に来ている。

当然のことだが、こうした応援部隊が寝泊まりするところが必要になる。大阪ガスの保養所が、保養所のガスの復旧後に、その応援部隊の基地のひとつになった。およそ250人と50台のトラック・自動車など。

ところが大阪ガスの建物だけあって、暖房・風呂・厨房すべてが、都市ガスになっていた。応援の労働者が冷たい弁当ばかりを食べ、暖房も風呂もないところでは長続きしない。そのため芦屋市内では大阪ガスの保養所がもっとも早く2月8日にガスが復旧した。

芦屋市では山側からと浜側からの挟み撃ちの形でガスの復旧が進められ、JR芦屋駅近くが未復旧で残っている。市内のガス復旧率は、2月末で27％、3月20日現在で80％だった。

ガスが出なくて困ったのは、わが家の場合は風呂に入れないことである。暖房は石油だし、料理は電磁調理器でほとんどガスと同様にできたが、ガス風呂の場合はお手上げである。

新聞にも紹介されたように、熱帯魚の水槽に付いている加熱用の電気ヒーター2本で8時間かけて風呂を沸かした人もいた。私たちの場合は水道が出るようになるまでは、行水をした。

わが家で水道が出るようになってから、すなわち1月23日以降は同じ自治会、芦屋ハイランド自治会の法人会員である保養所のうちで風呂の熱源がガスではなく電気や重油、プロパンのところ、カシオ・大丸・住友シチックス・クボタの4社の保養所が風呂を地域住民に開放した。

奥池地域から少し離れるが、ゴルフ場の芦屋カントリー倶楽部でも風呂を地域住民に開放した。地域でガスが復旧する2月14日までの約3週間、私も土日の昼間、風呂を利用させてもらった。

前述の大阪ガスの保養所もガスが復旧後のしばらくの間、同様に住民に開放された。私の家族もおおいに利用させてもらった。結構、風呂の借用は地域内のコミュニケーションの場にもなったようである。

ただし、開放されたのは昼間だけだったので、私自身は土日の休日を除くとほとんど利用することができなかった。

私はもっぱら、会社の住友電工伊丹製作所の風呂を利用した。地域の一般の人びと・社員の家族にも会社の風呂が開放されていたため、普段は見ない子どもたちも入浴していた。

風呂では、私たち自身も苦労というか、保養所や芦屋カントリー倶楽部で借りたことがうれしかったので、まだガスが復旧していない芦屋市街地の知人や高校生の娘の友人やその家族などに、わが家の風呂を提供していた。タイミングが重ならないように、週2、3回、日時を調整したり、足の便が悪いので妻が車で送り迎えしていた。

店、商店の灯りは希望の光

阪神間、特に芦屋市から神戸市灘区にかけては生協活動が盛ん（芦屋市の場合、組合員数が世帯数よりも多い）で、日本最大の生協、「コープこうべ（旧、灘神戸生協）」がある。まさにその営業拠点が今回の地震で壊滅的にダメージを受けた。

そのため、コープこうべの芦屋店の店舗が一部再開されたのは1月19日になってからである。開店時間も短く、品揃えが少なく、冷凍庫が壊れたため冷凍食品などもなく、震災対応用の缶詰や被災した商品などであっても、わが街の復旧・復興の象徴のように思えた。

ダイエーの中内会長が言っているように「街の灯りが消えていたところに、商店の灯りがつくとほっとする」。希望の光だ。被災者の気持ちをよくつかんでいるなあと感心した。

(4) ライフライン　その3　交通（1995年5月号）

どこまでがいわゆるライフラインになるのか詳しくは知らないが、ここでは1月17日地震当日、私が自動車で通勤しようとしたが、伊丹の会社にはたどり着けなかったときの様子について述べる。

交通、鉄道・道路の未曽有の大被害

地震後、懐中電灯の灯りの下で朝食。途中の道路状況はわからないが、とにかく出勤して会社の様子を見に行かなければと私は思った。ここから20キロほど東の会社は、地震後どんな状態なのか、ここより被害が重いのか軽いのかわからない。地震の影響がどの程度なのか、それを知らなければならない、と思った。


いつもより早く、6時45分頃、自動車で家を出た。高校2年生の長女は、

「こんな地震の後に、自動車で出かけるのは交通の妨げになりよくない」

と言って反対したのだが、電車は止まっていると予想されるから車しか手段はない。また隣近所の住宅も外から見た様子では大きな被害はなく、自宅の前の道路も大きな段差などもないので、

「地震の被害がここと同程度なら会社まで行き着けるだろう」

と考え、自動車で出勤することにした。


時間の経過を追って、私が何に衝撃を受けたかを以下に書いていく。

①大きい岩の落下、山の崩壊

前にも述べたように、私は海抜500mの六甲山系の中腹に住んでいる。家を出て住宅地を過ぎると、山道になり南に下っていく。

最初に驚いたのは、途中の山道（芦有道路＝芦屋と有馬を結ぶ有料道路）で、直径2mを超す大きな岩が落下していて、道を塞いでいたことである。今までも台風や大雨の後などに大きな岩の落下はあったのだが、直径1m以下で、こんな大規模な岩石の落下は初めてであった。いったんは家に戻ろうかと思った。けれども、後続の車に乗っている住民が、

「すでに5、6台通過して下（芦屋の市街地）に行っているので、乗用車ならギリギリ通れるはず」

と言うので、手で排除できる小岩や木の枝を道端に動かして、落下した大岩と路肩の間をこわごわ徐行して通り抜けた。余震などが起こればきわめて危険なことであった。そこに居合わせた自動車の中でも、この状況を見て、下の市街地に行くのを断念した住民もいた。

芦屋川の上流の沢を挟んだ反対側の山の斜面を見ると、数10mの幅にわたって真新しい岩肌が突如として現われていた。下の沢の方には砕けた岩の真新しい盛り上がりが見えた。

またこのような大規模な道路上への落石は、市街地に出るまでに3か所あったが、乗用車

がギリギリ通ることができた。バスやトラックの大型車は通行不能で、公共の交通機関である阪急バスは地震後不通になった。

前述の道路を塞いでいた岩石が取り除かれた2月5日、震災から約20日後にバスの運行が再開された。

山を下って行くにしたがって、道路のアスファルトやコンクリートが裂けている個所が多数あることに気付いた。

②地震後の火災発生、大災害の予感

山道の県道・奥山精道線をなんとか下り、視界が開けて海、瀬戸内海が見える場所（海抜約200mの高さ）まで来て、遠景の市街地を見て驚いた。

何と、神戸市東灘区の市街地に4、5本の煙の筋が立ち昇っているのが見えた。関東大震災に関係して学んだ、

「地震後の火災発生」

だ。

私自身が体験したことがないことであったので、これを見たとき、かなりの大被害を予感

した。

また山側は火災もなく被害が少ないけれども、海側の市街地は地震の被害は大きいのではと感じた。

③全壊家屋、大震災の実感、匂い・光

国道2号線まで下る、すなわち南下すると車が混んでいる。それを避けるため、通常の通勤コースは山側の住宅地の間道を東へ行って西宮と京都を結ぶ国道171号線に出ていた。そこから国道171号線沿いの伊丹市内の会社近くにある駐車場まで行くのを通勤ルートとしていた。

山側の住宅は、私の住んでいる奥池地域と同様に大きな被害は何もないように見えた。道路の損傷もわずかである。しかし、徐々に高度が下がり平地に近づくにつれ、屋根瓦がずれたり落ちたりしている家や、壁に割れ目の筋が入っている家が現れた。さらに下がって東進すると傾いている家々が現れ出した。それでも夙川《しゅくがわ》北小学校あたりまでは、まだ倒壊している家はなかった。

しかし、夙川の北の阪急電車（夙川～苦楽園間）の踏切近くまで来ると、いつもの車での

通勤ルートの間道が、倒壊した家のために通行不能になっていた。ショックであった。古い木造の家屋であったが、これを「全壊」と言わなければ全壊はない、というような壊れ方だ。道路側（北側）へ倒れ道を塞ぎ、まるで爆撃の後のようで、元の家の形や瓦などがふっ飛んでいた。

「住んでいた人は大丈夫か？」

「救出活動をしなくてもよいのか？」

という葛藤もあったが、

「とにかく会社の様子を見に行こう」

と考え迂回して、なんとか国道１７１号線まで出た。

この辺りまで来ると、何となく、空気がくすんでいる、というか、埃っぽくまた煙を含んだ匂いがした。壊れた壁などの塵埃《じんあい》と火災の煙が重なっているためであろう。いつもの同じ時刻に比べると、空気が黄色く煙り暗くて見通しが悪く、また一種独特の匂いがした。そのことを今（４月中旬）でも鮮明に覚えている。

④陸橋落下、建築技術への安全神話の崩壊

ようやく到着した国道171号線は、意外と車が少なく渋滞もないので、「ここまで来れば会社まで行けそうだ」と思った。しかしそれはすぐに裏切られた。阪急今津線（西宮北口〜宝塚間）と交差し、それを跨《また》いでいる陸橋の前にさしかかると、道路の中央に赤い円錐状のポリエチレンの標識が4つほど置いてあった。「通行止め」とは表示されてはいなかったのだが、何となく通行止めのような気がした。それで門戸厄神方面へ通じる脇道へ入り、阪急今津線に突き当たり、驚愕した。

何と！ 国道171号線（4車線）の陸橋の橋桁《はしげた》が阪急今津線の線路上に落下していた。全壊している家もすでに見てきた後だが、まだ鉄筋の建物の崩壊には会っていない。それで、現代の土木・建築技術にもとづいて設計された陸橋が、まさか線路上に落下しているとは思ってもみなかった。地震で橋桁が少しずれたために確認作業が済むまでの間、通行止めにしたのだろう、と勝手に推測していた。陸橋はものの見事に落下していた。

それを見た瞬間、驚きとともに、私の中の、『建築技術への安全神話』

からも目が醒めたというか、目の中の鱗も同時に落下したように思った。

考えてみれば、経済性を抜きにした技術というものはないわけだ。だから、どの程度の安全率を掛けていたのか知らずに、

『大丈夫』

と思い込んでいたのは、私自身の不勉強・怠慢であった。しかし他方では、

『騙されてきた』

気がしている。

⑤現場からの推定、死者1万人と予想

私は今まで近代的な建築物の崩壊に出会ったことがなかった。ロサンゼルス地震（1994年1月）で高速道路が落下する被害が報道されていたにもかかわらず、

「日本は学ぶべきことはない」

「日本の高速道路は大丈夫」

という安全神話を信じ（騙され）ていた。それを打ち砕く陸橋の落下という現実を目の当たりにし、

「これはただごとではない！」

と、今回の地震の大規模さを実感した。

　正直に言って、

「これは1万人を超す死者が出るだろう」

と私は直感的に思った。

　カーラジオを点けっぱなしにしていたが、その頃（7時10分頃）はまだ国道１７１号線の陸橋や後述の新幹線高架橋の落下のニュースなどはないし、死者の数も、警察署や消防署で確認された人のみを発表するためか、ひと桁台、10人未満だったと記憶している。

「こんな惨状なのに、そんな少ないはずないだろっ！」

とつぶやきながら聴いていた。

　初動の規模ともかかわるので、報道する場合、確認された数とともに、鳥瞰的というか俯瞰的というか概略的に災害の規模を見積もることも重要だと思った。

「現場を見れば、子どもでも何をなすべきかわかる」

と言った人がいたが、その意味から言うと村山首相にはもっと早く被災地に来て欲しかったし、来て現場を見れば、もっと迅速・的確にアクションできたはずだ。実際に来たのは震災発生の翌々日。このことは、国民の命と暮らしに対する今の日本の政治のレベルを象徴している。

しかし、テレビ・ラジオの初期の報道にも問題があったのではと思う。もっとも政府独自の連絡体制が貧弱であったことも大問題だが。

⑥新幹線高架橋の落下、ＫＯパンチ

国道１７１号線の陸橋が落下していたため、

「門戸厄神駅北側の踏切を渡ろう」

と考えたが、ちょうど踏切を塞ぐ形で阪急電車が脱線していた。この辺りまで来ると、徐々に車の数も増え、渋滞しはじめ、思うように走れなくなった。

しだいに、路地まで車で満杯になり、

「とても会社には行けそうにない」

それればかりではなく、私の車自体が救急や消火の邪魔になる。長女が注意し、言った通りの状況だ。そのことを実感した。

自宅に帰ろうと決めた。

しかし車が多いため、思う方向に曲がることができない。車の流れに沿って宝塚方面に行くことになり、山陽新幹線の高架橋と交差する場所に来てしまった。

ここでも新幹線の高架橋が見事に落下し、ジャリが散乱し、鋼のレールが垂れていた。この光景は、私にとって、先の陸橋の落下という第一パンチに続くKOパンチになった。

新幹線の高架橋の被害は、近くの木造家屋の被害よりもはるかに大きく、まさに衝撃的な光景であった。

当然、だれもが思うように、

「新幹線の始発の6時前でよかった。もし始発後で動いておれば、どんな凄惨な大事故になったことか！」

すなわち不幸中の幸いと感じた。

実際、JR在来線や私鉄は動いていたのだ。門戸厄神駅北側の踏切で見た脱線した阪急電車の車両は、阪急今津線（西宮北口〜宝塚間）で地震が起こるまで動いていたのだ。

⑦自動車で身動きできない道路

公衆電話には、行列ができはじめていた。また、

「怪我人を運んでいまーす。道を空けてくださーい！」

と大声で叫びながら、先導するバイク。その後から、自家用車で負傷者を運んでいるのにも出くわした。そういうときは、自分が車に乗っていることに後ろめたさを感じた。

できるだけ早く帰らなければとは思ったけれども、不案内の場所に迷い込んでいた。さらに、地震で道路に家が倒れていたりして通行できなかった。特にブロック塀が倒れているため、通行できなかった個所がたくさんあった。行ったり来たりしながらようやく午前10時前に帰宅できた。

帰宅後、西宮と宝塚で見た惨状を家族に話した。

(5) 安否確認と助け合い、出勤（1995年6月号）

安否の連絡を会社へ電話しようとした。

「会社に行くことができない」

ということよりも、

「私と家族が無事である」

という連絡をしようとした。しかし電話は通じなかった。

娘や妻は、私が出発した後、学校、親類、友だち等々に電話をかけたが、どこへもまったく通じなかった。

私は会社にたどりつけなかったので、結果的には、芦屋から西宮・宝塚にかけて約3時間のドライブをしたことになる。

しかし、被害の大きかった西宮の現場の惨状を見たので、帰宅後は、芦屋の市街地に住んでいる知り合いの人々の安否を確認しに行くことにした。


先述のように、地震当日の1月17日は会社にたどりつけず、午前10時前に帰宅した。

そのとき、飼い猫のタマが家に戻っていて、私の足元にまつわりついた。

すでに電気が通じ、テレビがついていた。地震でテレビとビデオデッキはひっくり返り、ビデオデッキは動かなくなっていたが、テレビは無事だった。

娘らは高校に行こうとしたが、バスが不通のため、家にいた。

西宮と宝塚の様子から、芦屋がどうなっているか、現場を知りたかった。また芦屋市街地の知人の安否を確認したかった。私と妻、娘ふたりの4人で市街地の様子を見に行くことにした。

阪急芦屋川駅近くまで車で行き、芦屋川沿いの道路に駐車して、そこから歩いた。

芦屋市街地の惨状

JR芦屋駅の駅舎とその南口辺りも被害が甚大であった。鉄筋4階建て駐車場のビルが道路に倒壊していた。あまりにもペチャンコに倒壊していたために、その倒壊したビルの上を人が歩いて通れるほどであった。木造家屋の被害は言うに及ばず、鉄筋のビルの脆さに驚くというか、足が止まった。

芦屋川沿いに南下し、市役所方面へ向かった。1階部分が押し潰された商店もあった。壊れずに残っている家の方が少ない状況であった。たたずんでいる住民の人たちの話し声から、

「○○商店の店員さんが亡くなった」

といったことが聞こえてくる。

地震前は自動車がひっきりなしに通る道路だったが、地震後の午前10時過ぎはまだほとんど通らず、静寂というか、いつもとは違う静けさであった。活動を停止した元日の朝のよう

な感じだ。ここでも家屋の倒壊にともなう壁土のほこりの匂いが印象的であった。

毎日の通学や通勤、買い物で通り、よく知った店々や家々が、以前の姿をまったくとどめていない。とにかく目を覆いたくなる信じられない惨状で、私を含め家族4人、だれも声が出ない【注2（巻末）】。

同じように知り合いの人の安否を調べに来ていた奥池地域の住民の父娘と会い、二言三言の会話を交えた。そのとき無事な顔見知りの人と話したことで、なぜかホッとした。

安否確認、近づくほどつのる心配

探している知り合いの家が近くなっても、辺りの家々の様子が壊滅的だと、本当に、「駄目じゃないか?」と気が気でなくなる。

＊

1月21日には、近所の高齢者から頼まれて、その方の親類で例の横倒しになった阪神高速道路近くや、歩いて行くには少々遠い神戸市灘区に住む知人のところなど、何人かの安否を妻とふたりでたずね歩いた。

そのときも毎回、同じように不安に駆られた。探している家が山手側で、だんだんと坂道を上がって行き、壊れている家が少ない街並みになっていくと、

「よしよし」

という気持ちになる。逆に、進んでいく方向に全壊の家が増えてくると、祈るような気持ちになる。

私たちの安否確認の行動の場合は、幸運にも全壊した家は1軒もなかった。しかし生活との関係から、大阪の高槻や堺の方に疎開されている人がいた。疎開先を書いたメモが玄関に張り付けてあった。それに、

「全員無事です」

と書いてあると、直接の知り合いでなくとも本当に、

「よかった!」

と思う。

安否確認の対象の人の所へ行く道の途中で、

「○○が死亡。家族は△△小学校に避難」

というような連絡先のメモを見てきているので、なおさらである。

＊

地震当日、安否確認で訪問した、芦屋の市街地の妻の知人は無事だった。その知人の住居も無事だった。お互いに無事を喜び合った。

知人宅は木造家屋であったが、2、3年前に補強の修理をしていた。その補強の効果があったようだ。知人の周りの古い木造の家々は、全壊や半壊であった。

知人宅の内部は、わが家以上にごちゃごちゃ状態。にもかかわらず、すでに近所の方がその知人宅へ避難されていた。

電気・水道・ガスのすべてが止まっており、現場の様子から復旧までに長期間かかることがわかった。

とりあえず、水や食料の差し入れをしなければならないと思った。

そのあとJR芦屋駅前のマンションの知人（娘の友人の家族）宅を回った。高層マンションは、死者などはなかったようだが、建てられてまだ間がないにもかかわらず、ドアも開閉できないなど、予想外に大きな被害だった。ここもライフラインの復旧まで長期にわたると思われた。

被災した知り合いの惨状を目の当たりにして、今、何をしなければならないかを家族みんながり理解した。

4人が安否確認のために街を歩いていると、飼い主からはぐれたと思われる猫と出会う。逃げたり溝に隠れたりしない。飼われていたと思われる家、倒壊はしていない家屋の前に座っている。たまたま通った私たちを、必死で見つめる。猫の目は、

「一緒に連れて行って！」

と訴えているように思えた。飼い主が不在なのは短期なのか長期になるのか、がわからない。それで、後ろ髪を引かれる思いで、猫とはそのまま別れた。

飼い主と、はぐれた猫や犬がたくさんいるのだろうなあと思った。そして、わが家の愛猫のタマが短時間で戻ってきたことをみんなで喜んだ。

縁を頼りに、まず活動開始

とりあえず家に帰り、

「こういうときは、できることからまず行動に移そう」

ということに家族で話がまとまった。

たまたまかもしれないにしても、私たちとどこかでつながりのある人々に、お茶やおにぎりの差し入れをすることに決めた。早朝だけでなく昼にもご飯を炊き、夕方4時ごろに差し入れにでかけた。

個人の家の炊飯器は容量も小さいし、持っているお米や飲料水の量も限りがある。したがって、個人でできる援助の範囲は限られている。しかし、地震後の数日は行政の対応もままならず期待できない状況なので、私たちのようにたまたまの『縁』から差し入れなどを行う活動が無数にあったと思う。

『縁』と言えば、こんなこともあった。袖が振り合うというような些細なことで、たとえば差し入れに娘の友人家族のマンションに行った際、たまたま娘の中学時代の男子の同級生（顔見知りというぐらいで、特に親しくはなく、そこに住んでいることすら知らなかった）と会ったことが縁で、その家族にも差し入れをする、という具合に広がっていくことになった。

個人的な助け合いができる範囲は、限られている。しかし今思うのは、ああいう災害時には、すぐに行動に移すということが大事だということである。

そして縁のある人には、少々強引でも無理やりでも、こちらの好意を押し売りするくらいで差し入れ等々をしてちょうど良いくらいだと思う。

後から聞いたことの中に、次のようなことがある。

「地震当日や翌日などの温かいお茶やおにぎりの差し入れが本当にうれしかった・・・」

被災者は、地震直後にはまだ普通の生活のときの感覚が少々残っている。たとえば、

「そんなことまで、娘の友だちのご家族にしてもらっては申し訳ない・・・」

との意識があるようだ。しかし2、3日経って地震後の自分たちの置かれている客観的な状況がわかってくると、

「縁あって助けていただくことになった相手の好意は、素直に受けよう」

と思うように変化するようである。

出勤、とにかく歩け、歩け

私自身は、阪急電車が梅田駅から西宮北口駅まで開通した地震翌日の1月18日に会社へ行った。

やや小型の、娘の自転車を自動車に積み、山を下りて芦屋市民病院の東あたりまで自動車で妻に送ってもらい、そこから自転車で西宮北口へ向かった。途中の道路は地震でガタガタなため、ゆっくりと走った。

バイクではスピードを出すとよくパンクしたようだ。

西宮北口駅への往きは下りでいいのだが、帰りは上りでシンドイ。そればかりではなく、帰りは暗くて危険なため、18日以外は自転車をやめ、徒歩にした。

西宮北口駅は、当時では大阪からもっとも被災地に近い交通の要地であった。水や食料、ポリタンクなどをかついで西の被災地に向かう人、疎開や買い出し、あるいは会社への出勤のため東に向かう人。その両方でごったがえしていた。

今でいう「震災ルック」というか、ヤッケの上にリュックあるいはポリタンクなどを背負い、トレッキングシューズを履いて、黙々と歩いている。土埃がたち、空気が曇っている。なんというか、中東やアフリカの難民の行列と同じだ。最近の日本では見かけることのなくなった、異様な情景だ。

もちろんその異様な情景を構成しているひとりに私自身も含まれる。

阪急伊丹線（塚口～伊丹間）は、伊丹駅ビルの倒壊で不通であった。塚口駅から伊丹の会社近くまでは伊丹市の市バスが走っていた。が、ダイヤが混乱しているため、歩いた方が確実だろうと思い、結局、塚口駅から会社まで歩いた。約1時間足らずであった。とにかく震災後は、よく歩いた。

運動不足管理のため、昨年1994年夏から万歩計を着けている。地震前までは毎日7千歩ぐらいで、1万歩を超すには相当の努力がいった。地震後は、電車が不通のところは歩くのがいちばん確実なこともあり、最低1万6千歩。先に述べた安否確認のときなどでは3万歩を超すこともあった。埃っぽくさえなければ健康にいいのだろうが・・・。

会社には11時ごろ到着した。

会社が所在する伊丹市は、芦屋市にくらべるとずっと東に位置している。したがって住宅やマンション、ビルなどは、外見上は、大きな被害はほとんどないようにみえた。

ところが会社（住友電工）の建物や設備は、地下の断層に関係しているのか地盤が柔らかかったためか、私が予想していた以上に大きな被害でびっくりした。後日の新聞報道によれば、会社の公称被災損失額は約90億円とのことである。

結局、地震の起こった週は、18日と20日の2日、会社に顔を出し、ほとんど仕事らしいことは何もせずに、昼前に着いて3時過ぎ早々に帰った。震災の後始末の仕事を含め、まともに仕事をしたのは、週明けの23日からである。

また私の通勤の足が確保されたのは、25日にJR線が芦屋まで開通し、JR線を使ってJR伊丹駅まで行けるようになってからである。25日以降はしばらく、大阪方面から来る鉄道で開通している西の端がＪＲ芦屋駅であった。神戸方面に向かう代替バスの発着もあって、大変な混雑であった。

バスの代替、私設乗り合い自動車

１月25日からの通勤は、バスが2月５日まで不通だったので、住んでいる芦屋市の奥池～ＪＲ芦屋駅間は、車で妻に送り迎えしてもらった。

電話がなかなか通じないので、帰りの迎えの待合時間と場所を、あらかじめ決めた。ボランティア活動に出かける娘たちも、車で送迎してもらう時間を決めた。運転手の妻もその時間に合わせて差し入れのものを配達するようにした。

そして、車のない近所の方々に便乗を呼びかけ、バスの代わりに利用してもらった。地区全体で組織的に取り組めばと自治会に提起はしたが、事故の際の補償問題などのため、個人的にすることになった。

(6) 学校、そして国道43号線（1995年7月号）

私にはふたりの娘がおり、県立芦屋高校に通っている。1月の地震当時は長女が2年生、次女が1年生であった。芦屋高校は、国道43号線の北側に隣接している。また、その上を阪神高速道路の大阪神戸線が高架で走っている。

この高架の阪神高速道路が横倒しになって有名になったのは、神戸市東灘区深江本町辺りで、芦屋高校に近い。地震の揺れが大きかった地域である。

同高校で亡くなった生徒は、各学年ひとりずつの三人である。高校の建物も大きな被害を受け、3棟の校舎のうち2棟が全壊。現在、建て替え中だ。新築の体育館と柔道場は被害を免れた。そのため、震災直後から周辺住民の避難所になった。

この校舎の被害と体育館などが避難所になったことから、事実上、授業などはできる状態ではなかった。

正式に授業が再開されたのは、地震から2週間後の2月1日である。3年生はもう授業はなかった。1年生が午前中に2時間、2年生が午後に2時間。教室を2交替で使用。

授業再開前はもちろん、再開後も空き時間に多くの生徒がボランティア活動をしていた。

授業は、3月3日まで毎日2時間。その後は3時間と1時間増えた。仮設の教室が建てられた4月から、震災前と同様の時間割り（平日は6時間）にもどった。とはいえ、体育館は避難所に、運動場は駐車場になっているため、4月になるまで体育の授業はない。また、4月以降も5月下旬までは体育の授業は運動場のみで行われた。避難民が仮設住宅などへ移り、芦屋高校の避難所が解消したのは5月21日である。これ以降、体育館と柔道場を生徒たちが使えるようになった。以前と同じようにクラブ活動（次女は柔道部所属）ができるようになった。

ほとんどの生徒自体も大小何らかの形で家庭でも被害を受けている。けれども、避難所などでの積極的なボランティア活動によって、授業のような机上での学習では得られない体験をしたと私は思う。そう思いたい。

何といっても、行動することの重要さを知り、またどう行動するかを自分自身で考え決めなければならないことを学んだと思う。

貴重な経験である。それが生かされることを親としては切に願わずにはおれない。

長女はボランティア活動に関して、親友の数人と一緒に朝日新聞の記者の取材を受けた。

後日、新書判の本として出版された。長女のコメントも記載されていた。

次女は、NHKのテレビニュースで放映された。経緯はつぎのようである。

たまたま芦屋市役所のボランティア受付窓口に行ったとき、市の伝令係を依頼された。芦屋市内の寺院、西法寺への情報伝達である。それにNHKの取材チームが同行した。次女と住職の遣り取りを撮影し、夜のニュースで放映した。住職いわく、

「こんなことをあんた（次女のこと）に言うてもしゃーないんやけど・・・」

と市の対応について述べた。それに対して、次女はぶすっとして黙って聞いている。そういう映像である。

そのニュースを見た私の会社の庶務の女性から、

「昨日のNHKのニュースで館《たて》さんの娘さんが出られていたのではないですか？　館という苗字は珍しいし、館さんによく似ているし、テレビの字幕で名前が『館』とあったので・・・」

と言われた。それに対して、

「私に似てかわいいので、NHKの取材対象に選ばれました・・・」

との私の冗談に、庶務の彼女は笑いながら、

「それを言うなら、館さんに似ず、かわいかったからでしょう」

と答えたので、ふたりで笑った。

テレビで放映されたのは、次女がわが家で最初であった。

娘たちは、人生経験の面からは、通常の授業や学校生活では得ることのできない出来事に遭った。

他方では、震災とその後のボランティア活動などで費やした時間は確実に、受験勉強という狭い意味からするとマイナスである。

「こういう時期だから、好きなだけボランティア活動をしなさい。した方がいいと思う」

と親が言っても、なかなか納得しない。

受験体制の呪縛が娘ら高校生を支配していて、地震から時間が経つにつれて勉強の遅れが気にかかるようであった。

「たとえ1年間遅れて、浪人してもよいではないか」

と親が言っても、それは大人の考えのひとつである。震災とボランティア活動による勉強の遅れは受験生には大きなハンディであり、プレッシャーになっているようだ。

今回の震災で阪神高速道路が倒壊したために明らかになったことがある。それは、この道路が騒音や排気ガスでいかに住民を苦しめていたか、ということである。

国道43号線は片側4車線以上もあり、しかもその上を通る高速道路が片側2車線もある。上り下りを合わせると12車線以上にもなる。とにかく化け物のような凄まじいものだ。当然ながら、住民の公害反対闘争ももちろん続いている。

その恐怖の国道43号線に隣接して芦屋高校がある。私が最初、長女の入学式で訪れたとき、その環境の悪さに驚いた。というか、唖然とした。30年前に私が通っていた大阪の高校よりは時代が進んでいる分だけ、子どもが通う高校の建物やそれを取り巻く環境は当然よくなっているだろう、いなければならない、と思っていた。が、実際には逆で、30年前よりも悪化していた。

その現実の前で子どもたちの世代へ継承する内容のお粗末さに対し、親の世代として責任を感じた。

それはさておき、芦屋高校では、道路からの騒音と排気ガスのために、窓を開けることができない。それでエアコン装置が各教室についている。

震災後、高架の高速道路が不通で下の国道43号線だけが動いているときには、高校をはじめ道路沿いは静かで排気ガスも少なくなっている。

新聞によれば、当初、高速道路の復旧には3年間かかるということであった。そのため、私の娘らも、

「卒業までは静かでいいな」

と言っていた。

はっきり言って、この際、高速道路はない方がいい、すなわち復旧させないで欲しい。少なくとも、道路沿線の住民や芦屋高校生やその父兄である私もそう思う。住民団体も要求している。

産業の発展にとって道路が必要なことはわかる。しかし、排気ガスと騒音のひどさのために高校の窓が開けられないような状態を強いる交通システムに支えられた産業とはいったい何なのか。国民・市民が豊かに、幸せになるための産業のはずだ。国民や市民に犠牲を強いるのが産業とすれば、それはどこか間違っていると思う。産業の方を変えるべきだろう。

震災は、不法建築や手抜き工事など、普段ならば隠されていてわからなかったことを、あらわにした。阪神高速道路もそのひとつのような気がしてならない。

日本の産業のあり方、都市への集中、自動車に偏った交通システムの問題などについても、

震災を通して考えさせられた。

(7) 震災10話　（1995年8月号）

第1話　警鐘　猪名川町の群発地震

昨年1994年の11月下旬、阪神大震災の2か月前、会社（住友電工伊丹製作所）の総務課の『警鐘』として、

「（兵庫県川辺郡）猪名川町の群発地震」

に関する神戸新聞（11月18日）の切り抜きコピーの回覧が、各職場の安全委員を通してあった。

ふだんは会社の回覧物をコピーして家に持って帰ったりはしない。しかし、虫の知らせか、なぜか私はコピーをして持ち帰った。

家族にも見せ、地震の備えをするようにと言った。が、まさか本当に地震があるとは思っていなかったし、切実さはなかった。

その成果は、せいぜい年末に壁に懐中電灯を取り付けたことである。また非常食として缶

入りの金平糖入り乾パンを2缶を購入したことである。そして高校1年生の次女が『警鐘』という漢字を覚え、書き取りテストで〇を取ったことぐらいだ。

猪名川町近くの兵庫県川西市に住んでいる社員も多い。それで、この新聞記事の回覧は、職場でも話題になった。昼飯時などに、文字通り、

「阪神大震災が来るかもしれんなあ」

と冗談を言っていた人もいた。冗談が本当になってしまった。

新聞の内容を紹介すると、6段抜きの大きな記事で、猪名川町の防災対策本部の写真や京阪神の主な地震の年表がついていた。次の5つもの見出しがついている。

「活断層多く危険地帯」
「猪名川町の群発地震」
「京阪神の防災態勢を警告／専門家」
「岩盤にエネルギー蓄積」
「大阪管区気象台／震度計設置、観測強化へ」

この記事を読んで私はそれまでよく理解していなかった『活断層』という言葉を知った。

新聞には京大の尾池和夫教授の解説・警鐘が記されていた。

震災後の今、改めて読み返してみると、きわめて示唆に富んでいる。たとえば、

「京阪神には地震を起こす活断層が多く、じつは日本でも有数の危険地帯。防災態勢の見直しを図るべきだ」

とか、

「京阪神は決して地震と無縁ではない。すでに地下のストレスはかなりたまっており、大地震が来てもおかしくない」

と指摘し、

「正確な地震予知は難しいため、関西地方でも危険性を認識し、ふだんから防災意識を高めておく必要がある」

と呼びかけていた。

この新聞の内容の迫力が、総務課の人に社内回覧しようと判断させたし、私にコピーを持ち帰らせ、懐中電灯や金平糖入り乾パンの缶詰めを買わせた。

しかし、それはほんのミクロな行動で、それ以上にはならなかった。地震予知と防災活動の難しさというか、大規模な運動、アクションに結びつけられないことをつくづくと思い知

らされた。今後の大きな政治的、社会的課題であることは確かである。

第2話　西宮市の防火の教訓

神戸市長田区の地震火災は、消火栓が使えないなど直下型地震と火災の関係で今までの防災対策の盲点をさらけ出した。

しかし、これとは対照的に火災を食い止めたのが、西宮市の消防である。朝日新聞の記事（3月3日夕刊）によると、概略以下のような内容だ。

地震後の火災発生件数は長田区よりも西宮市の方が2倍近く多かった。にもかかわらず、なぜ長田区のように火災が大規模化せず、長田区の消失面積の60分の1でしかなかったのか？　それには教訓とすべき理由がある。

地震直前の昨年1994年12月までに、冬場の消火の渇水対策（阪神間の昨夏の猛暑と水不足はかつてなく深刻であった）として、西宮市消防局では、減圧給水で消火栓が出なくなることを想定して、

①防火水槽以外の市内の民間の貯水槽（西宮北口駅近くにある阪急電車の洗車用の貯水槽や

マンションの貯水槽など）を調査・点検
②河川をせき止めて水を確保するため、消防車には土のうを常時積んでおく
等々の対策・作戦を立てていた。

この渇水対策が、実際には地震火災の初期消火に威力を発揮した。このように、備えの有無が結果の極端な相違をもたらした。それにしても神戸市の防火水槽が、東京23区の10分の1以下というのは、渇水期の火災対策として考えてもあまりにもひどすぎると思う。さらに前述の第1話の神戸・阪神間は地震と無縁でないことからすれば、行政の怠慢とその責任は重大である。

第3話　在日朝鮮人詩人の杞憂

私が今回の震災に関連して「ハッ」としたことのひとつに、在日コリアンなどの人々の心情についてである。

私自身は、現在の日本で、特に在日コリアン・中国人などの外国人が多く、ごく普通に日本人と同じように付き合われている大阪・神戸・阪神間において、関東大震災後にあった朝

鮮人虐殺といったことと同様なことが起こり得るなどとは、まったく思わなかった。だからこそ、正直言って、そういうことに気が回らなかった。

ところが、詩人の金時鐘《キム・シジョン》さん（大阪府吹田市在住）が書いた手記『苦難と人情と在日同胞、いたわり合いが再起の希望に』（朝日新聞2月15日）を読んで、自分自身もやはり虐殺の被害者側の人々の心情を理解していなかったと思った。金時鐘さんは、

「大震災の衝撃が突如つき上がった日、あらぬ心配も同時に私の脳髄をつき抜けていた。関東大震災の、あの悪夢がよぎったからだ。それが思いすごしであったことはその日のうちに明かされはしたが、これは単に私個人のとりこし苦労でなかったことも、また事実なのだ。韓国の有力紙、東亜日報の特派員は、惨状の現場から『懸念は杞憂であった』と報じている。期せずして同じ思いに駆られていたのだ」

と述べている。

それとともに、今回の阪神大震災では杞憂にすんだとしても、在日コリアンなどの人々に「再び大虐殺があるのでは」

と心配させるようなものが、いまの日本の社会に存在することを思い知らされた。

今1995年7月も、戦後50年の国会決議が問題になっている。朝鮮や中国等々への侵略

の歴史的事実を明確にし、謝罪する、という当然のことをあいまいにしていたのでは、杞憂でなくなる事態にならないとも限らない。そういう気がしている。

第4話　やはり、作家の言葉・表現は凄い！

兵庫県伊丹市に住む田辺聖子さんの手記（毎日新聞2月8日夕刊）と大阪府吹田市に住む高村薫さんの手記（毎日新聞2月15日夕刊）、すなわち激震地ではないけれども、阪神大震災に遭ったふたりの作家の体験と思いを読むと、私などが感じていてもなかなかうまく表現できない心の内をさすがに的確に言い表しているように思う。特に私の場合は、彼女らと被害の程度が似通っているから、特別に身近に感じるのかもしれない。

たとえば、田辺さんは、

「そのゆれかたの、えげつないことといったら、・・・人間の感覚の許容範囲を超えた無茶苦茶なゆれかただった。・・・（そんな、アホな・・・じょ、冗談じゃない、うそっ）とうろたえているだけだ」

「こんど亡くなられたかたがたやもっと酷烈な体験を強いられたかたがたにくらべれば軽微な被災であるが、しかし一瞬の偶然で無事だったという恐怖はのかない」

と。

また高村さんは、

「これがいったいどういう事態なのか分からないまま、わたくしはただ『死ぬ』という直観をもった瞬間、『きゃあ』という力ない声をあげたのだ。・・・ともあれ、わたくしは1月17日早朝の一瞬、自分の死をかいま見たような気がしている」

「要するに誰《だれ》もが多かれ少なかれ人間の生き死にを考え、それぞれに言葉を失う時間をもったということである。・・・みなそれぞれの深い思いの穴があいている。そこから、ひとりひとりの内なる言葉が新たに湧いてくる」

「こうした生命の恐怖が心にあけた穴は、おそらく一生消えはしまい」

と。

確かに、私にも心の穴がある。

第5話　善意の多くの人びと

焼き芋などを法外な値で売りつけた悪人も、報道されているように確かにいた。しかし、それよりもはるかに多い、圧倒的多数の善意の人びとがいたことに触れないわけにはいかかない。

たとえば、1月21日に安否確認のためJR摂津本山駅近くの国道2号線を歩いていたときのことである。大阪の森ノ宮から午前3時に出発して神戸市東灘区まで軽トラでたこ焼きを無料サービスしに来ていた20代の兄ちゃんがいた。私と妻はたくさん歩いてお腹が減っていたので、そのたこ焼き屋のまだ若い兄ちゃんから、普通に、買うつもりでいた。が、彼は、

「お金は要らない」

「被災者を応援したくて大阪から何時間もかけて来た」

と、快活に言う。

また、道の脇に缶詰やトイレットペーパーなどの雑貨を並べ、

「ここにあるもの、何でも持って行って下さい」

という若者、若者たち。そういう人たちがたくさんいた。

そうした善意の人びとに出会うことは、たこ焼きや缶詰などをもらってよかったという、そういう即物的な意味ももちろんある。が、それとともにそういう見ず知らずの他人の善意というか温かみというか、今まで忘れていた人間として生きていく上での励ましのようなもの、エネルギーのようなものを分けてもらった気持ちになる。すなわち、

「生きていて良かった」

「人間も捨てたものではないなあ」

「頑張って生きていこう」

と思わせてくれる。

第6話　誇り高き阪神・神戸住民

被災者のマナーや秩序正しさのことが、話題になった。地震直後は、沈着・冷静というよりは、茫然自失といった状態であったと思う。しかしその後の動きは、やはり阪神・神戸の地域性というか、市民意識の高さ、そして何よりも、田辺聖子さんが言うように、

「市民はそのプライドとまちへの愛着のせいで、災害に辛抱強く堪え」

復興に向かって活動を開始している。


信用組合関西興銀が阪神大震災の被災者に立て替えていた避難用の旅費や生活費がどんどん返済されている、という記事が新聞に出ている（日本経済新聞2月16日）。

「もし余裕ができたら返して下さい」

と名前を記入するだけで貸し出した5万円の旅費などを返しに来る人が相次ぎ、2月15日時

点で総貸出額のうち68％が返還された。関西興銀は、「義捐金のつもりだったのに、こんなに返済してもらえるとは」と驚いている、とのことだ。ここには、住民の誇り高さがよく表れていると思う。

ところが加藤周一氏は、この危機に臨んでの自制心を失われない秩序感覚は神戸住民だけのことではないのではないかとの疑問を提起し、１９４５年３月の東京大空襲のときにも被災者の同様な行動に強い印象を受けたことと考え合わせ、

「日本国民は、みずからの生命財産の安全保障に関して、みずから税金を払って維持する政府と役人に、多くを期待しない習慣がある。・・・政府ののろまさに対して激怒し、権利を強く主張するということがない」

と述べている（朝日新聞２月20日夕刊「夕陽妄語」）。

確かに鋭い指摘である。阪神地域は権利意識が強い地域だと思う。芦屋市は日本初の女性市長を誕生させた。またそれに先立つ１９５４年、原水爆禁止の運動の発祥の地と言われる杉並区の運動と、ほぼ同時期かそれに先立って、芦屋の女性団体『あすなろ友の会』が原水爆禁止の署名活動を開始している。そして芦屋市の人口の４分の１の署名をわずか５週間で集めている。

そういう地域ですらじゅうぶんな地方自治ができない今の政治の問題、構造の問題がある。いずれにせよ、今後発生する災害への国民の対応によって加藤氏の見解の正否が確認されることになる。

しかし国民も変わっていく。すなわち大震災によって被災者は政治の重要さがわかったのだから。そう思いたい。

第7話　毎日新聞が◎、『広報あしや』に引用される

阪神間では新聞に関して言うと、被災地の住民にとっては毎日新聞が好評であった。生活情報や交通情報が毎日、掲載されている。風呂の情報、安否確認のときに利用する交通手段の検討など、重宝する内容で断然リードしていた。実際、ＪＲ芦屋駅のＫｉｏｓｋの売店では、毎日新聞がもっともよく売れていた。また芦屋市役所では毎日新聞の生活情報を転載して市民に配っていた。さすがに、時間が経るにつれて他紙も同様の企画をするようになったが、この大震災に対する新聞社の姿勢の違いが出発点であったのではないかと思っている。

第8話　新聞の地域差、顕著

紙面構成が地域によって大きく異なることは、スポーツ新聞のプロ野球報道の東西の違いなどで常識だ。

そこで、東京出張で入手した、震災からほぼ1か月後の2月15日に掲載された朝日新聞の第1面の東京本社版と大阪本社版の見出しの比較を示す。

大阪本社版では、大きな見出しの順番に、

①雇用確保へ助成金検討、被災地で離職証明約7000件
②阪神高速湾岸線復旧10月に
③新超特急デビュー遅れ、山陽新幹線車両メーカーが被災
④(連載)街よ人よ、阪神大震災 第二部
⑤文芸春秋田中社長が辞任
⑥死者5348人
⑦(一覧表)地震による被害

一方、東京本社版では、大きい順に、

①マルチメディア時代に対応、電気通信分野著作権統一も
②文芸春秋社長が辞任
③新党は統一選後に、山花氏連休前目指す
④「財投」扱い、切り離し、金融統合で三党首確認
⑤(写真)人いきれいつ戻る、神戸
⑥「阪神・淡路大震災」に政府呼称
⑦二信金預金者大口リスト　きょう提出

大阪版では、見出し7つのうち6つまでが震災関連であるが、東京版では、7つのうち2つのみだ。しかも扱いはきわめて小さいものである。したがって、東京に行って、阪神間の人たちと同じように地震関連情報にドップリ浸かっていると思って話をすると、話が噛み合わず、「アレッ」と思うことがあった。

＊

震災から1か月後のちょうどこの頃、JR大阪駅前でたまたま乗ったタクシーの運転手が私に話しかけた。

「神戸の人は一体、いつまで、『震災・震災』と言っているのですかねー。『復興・復興』と言っているのですかねー。自分で何とかしなきゃ・・・」

と。

電車で15分ほどの距離の所で働く人が、そんなことを言うか！と思った。

現実は、まだ復旧・復興はまったく始まっていない。直下型のため、ちょっと離れているとその被害の規模はまったく違うのだ。そのことを運転手は知らないのだ。

さすがに、私は反論せずにはおれなかった。

「私は被災地、芦屋に住んでいます。が、復旧・復興はまったく進んでいません。近いですので、是非、西宮、芦屋、神戸に来て、現状を見てください。現実を見に来てください。そのこと、運転手さんが見て感じられたことを、是非、乗客の方々に伝えてください。お願いします」

と運転手に訴えた。

運転手はすぐに謝った。

「何も見ないで、知らなかったこととはいえ、すみません。今まで大阪の人や被災者でない人を乗せるのが多かったので・・・。初めて反論されました、というか被災者の人の生の言葉を聞きました。今度の休みに芦屋などの被災地を見に行きます」

「いや、大阪でもＪＲ大阪駅前で営業されている運転手さんに言われたのがショックでした。これが大阪府の南の端の泉佐野市のタクシーなら反論しませんでした。逆に、運転手さんが言われたことで、被災地のすぐ近場で働く人びとにすら被災地の実情が伝わっていないことがよくわかりました。こちらの方こそ感謝したいくらいです」

「自分で言うのも何ですが、大阪の普通のタクシードライバーです。その私がすぐ近くの都市の大災害を正確に知らないのも大問題ですね。うちのドライバーでも新聞社などの報道会社のチャーターで神戸に行ったりしています。行ったドライバーは実情を知っているのでしょうが、その情報が、行っていない私のようなドライバーに伝えられていません。そのときの生の現地の報告などはありませんでした。タクシー会社としてそういう情報をドライバー全体で共有するよう会社にも言います。そういう被災地・現地の情報があれば、知っていれば、いくら何でも、『自分で何とかしろ』とは言わなかったですよ。ほんとうに申し訳ない」

「運転手さんに変な気を使わせて申し訳ない。ただ、西宮・芦屋・神戸は近い。電車で10分から20分。是非、現状を見てください」

と重ねてお願いした。

＊

第9話　飛行機から見る青いシート

2月初めに出張のため、震災後初めて伊丹空港から飛んだことがある。そのとき上空から見た景色は強烈に目に焼き付き、忘れられないものになった。

ひとつは、新聞社の震災写真集などにも載っているが、被害を受けた家屋の屋根の青いシートだ。いつものというか震災以前のぼんやりとした中間色の景色ではない。震災後の四角い原色の青色が点々としている様は、ひじょうにクッキリとし鮮明だった。以前とは違う。そのことが異様に思えた。伊丹よりも被害のひどかったもっと西の方を見ると、青いシートが少ない。家屋が大きく損壊したため、青シートが不要になっている地域だということがわかる。

もうひとつは、伊丹空港を離陸後に左に旋回する際、ちょうど住友電工伊丹製作所の上空を通る。被災した工場建屋が取り壊されている途中の様である。いくつかのコンクリートの柱が残り、そのほかの空間が空いている無残な姿が見えた。

実際の現場で見上げて見る場合とは違って、鳥瞰的に上空から見る情景は、客観的というかクールにというか、醒めた感覚で受け取れた。

すなわちその壊されている建屋で生産していた製品に関して、復旧・復興までの困難さを具体的に考えさせられた。

第10話　地震とは、ああいう規模のもの

震災後、岩波新書『大地動乱の時代―地震学者は警告する―』（石橋克彦・著、1994年8月発行）を職場の昼休みに少しずつ読んだ。それでわかったことは、歴史的にみて今回の地震のようなものが、いわゆる『○○地震』と呼ばれる地震である、ということだ。

そういう意味では、阪神大震災は決して予想を超えた特殊な地震ではない。地震国日本と言いながら、近くでは1948年の福井地震（死者3769人）の経験などが生かされてこなかったという点は、一番には行政の責任、建築業者の責任が問われなければならない。しかし主権者である私たち国民も、大げさな言い方になるが、今回の震災からの教訓を次の世代に受け継ぐべく活動する責務があると思う。

◆

半年にわたり、阪神大震災の体験と思うところをバウンダリー誌上でレポートしてきた。

同様な震災がないことを願ってはいるが、残念ながら日本では今後も地震は必ず起こる。これは、科学的な根拠もある自然の法則にもとづいている。地震が起こることを前提にして私たちの生活、社会の仕組みなどを見直していかなければならない。

第2章　阪神大震災から5年後（２０００年１月号）

早いものでというか、ようやくというか、阪神大震災から5年の歳月が経とうとしている。何から話せばよいのか、さまざまな思いが去来する。

◆

まず街の様子を眺めてみよう。

第1に、震災前と異なるのは、ＪＲ芦屋駅周辺に駐車場が激増したことである。もちろん倒壊した家屋を取り除いた後の更地を利用したものである。供給過剰のため、震災以前なら格安であった1時間３００円の駐車場は現在ではガラガラで、「車が多いな」と思う駐車場はその3分の1の1時間100円の駐車料である。低料金の駐車場が増えつつある（夜間の20時から翌朝8時まではほとんどが100円／時間である）

駐車場が増えて相変わらず空き地が目立つのと同時に、中高層のマンションが増えたことが、震災前後で異なっている。以前は道のどこからでも六甲の山並みを見ることができたが、今ではマンションにさえぎられてしまう。ところでマンション自体の価格は新築でも以前に比べると格段に安くなっている。中古にいたっては、売り手である被災者が気の毒になるほど価格が低下している。

また震災を機に進んだというか、行政が弱みにつけこんだというべきか、長らく住民の反対で凍結され忘れられていた山手幹線の都市計画道路がその輪郭を現した。まだ完成していないので、更地の空間のみが目立つ。

震災後の象徴として、駐車場・マンション・山手幹線についてふれた。

駅近くであるにもかかわらず緑が多く閑静な昔の芦屋の風情は消えつつある。便利で機能的なよくある他の街の駅前と同じようになった。これは、住民の内的な力・自治ではなくて震災という外的な力によるものであった。

そこで住み続けたいと願っていながら去らざるを得なかった人々の無念はいかばかりであ

ろうか。

震災前の街並みの記憶は徐々に薄れ、今ではほとんど思い出せない。が、駐車場やマンション、山手幹線予定地を見るたびに、それらが私には震災の後遺症に見え、いつも震災のことを思い出させる。

◆

芦屋から有馬に抜ける道路から見える山肌はどう変化しただろうか。震災直後は、崩落した岩肌が生々しかったが、今では治山工事により整えられ植物などが植えられている。そこが今回の震災で崩れ落ちた場所とはすぐにはわからなくなっている。

また芦屋川上流も整備が進んでいる。一方、麓《ふもと》近くでは、１９９９年の集中豪雨で水の通り道になった個所にたくさんの土嚢が応急的に積まれている。おそらく震災によって水の流れが変わったためにその個所に水が流れるようになったものと思われる。そのまま土石流が流れると山に隣接したマンションを直撃することになる。

県道・奥山精道線の通り道の中腹に昔からあった弁天岩近くに、震災で突如出現した（山の上の方から転がり落ちて来た）４〜５ｍはあろうかという大石がある。わが家では娘が名付けた「小弁天（岩）」と呼んでいる。しかし、「なまず石（岩？）」とだれかが勝手に（？）命名して立て看板が付けられ、ハイカーがたまに立ち寄って眺めている姿を見ることがある。

芦屋近くの六甲山系で変わったことはと問われると、震災が原因か地球温暖化のせいかどうかは定かでないが、芦屋の市花で野生している紫色の美しい「コバノミツバツツジ（小葉の三つ葉ツツジ）」が最近どうも鮮やかでないというか冴えないのが気にかかる。

震災の朝、車で山道を下ってきて、煙の筋が何本も立ち昇っているのを見て不安を掻き立てられた海辺が眺望できる場所からは、今は、震災後に建設された湾岸道路の橋が不釣合いに大きく見える。街の遠景では、もはや震災の傷跡を見ることはできない。

神戸市内の仮設住宅に居た人びとも、被災者の市営住宅に移ることになり、ようやく仮設住宅がなくなるというニュースが報道されている。ＪＲ芦屋駅も新しく建てられ、明るく洒落ていて眩いばかりである。

一方、芦屋市の人口は１万人以上が減ったままである。阪神間や神戸は全国１、２の高失業率が続いている。神戸の演劇鑑賞団体などは震災後、一時は会員数が回復し、もち直しかけたが、この長期不況の追い討ちにあい会員減のため危機的状況と聞く。

大金のいる個人の住宅の再建が遅々としていることや、地域に仕事が少ないこと、文化的なものへの出費を切り詰めざるを得ないことなどを考え合わせると、少なくない被災者の人たちが震災後に言われたのと同様に依然として『元気している』すなわち元気を装っている、気持ちが萎えそうになるのをそうなるまいと振舞って生きているように思えてならない。

第3章　阪神大震災から30年、震災を振り返る

阪神大震災から30年の歳月が経過した。

今思うのは、能登半島地震を知ったときに言った次女の言葉、

「お父さん、お母さんが、今の私の齢の頃に阪神大震災があったんやね」

に象徴されている。

そう、当時は40代で元気だった。今や私たち夫婦は後期高齢者である。当時、高齢者の人たちの安否確認をしたり、水を配ったり、車で送迎したりしたけれども、今は、ある面、配慮される側の立場である。歴史を感じる。

震災後に水やお湯を運んだり、我が家の風呂に来てもらったりした知り合いの人びとも年

配の人から亡くなっていく。そのときに、その子どもさんなどから聞いたり、手紙で知らされたりするのは、感謝の言葉である。

「暖かいお湯をいただいたこと、またお風呂に入れていただき、ほんとうにありがたい限りでした」

「生きた心地がし、心にしみました」

「生きる励みになりました」

と、故人がいつも言っていたということである。

こちらは、できることをしているだけのつもりであったが、受け取る側の人びとにとっては、生きることへの励ましになっていたのだと思う。


自分自身について言うならば、震災の翌日1月18日の早朝、6時前に、枚方市に住む従兄弟から電話があった。震災後、最初に通じて鳴った自宅の電話であった。

「安否が心配で、昨日からずうっと電話をかけ続けていた。が、つながらなかった。やっとかかった、つながった。無事でよかった!」

と話すのを聞いた。ひとりで生きているのではない。いざというときには見守ってくれている人びとがいるのだと思い、目頭が熱くなったことを思い出す。

その後、電話回線が復旧したのか、次々と親戚、友人からの電話が鳴った。


日本では、地震と無関係には生きていけない。2016年4月の熊本地震のときには、私は次女の住む石川県加賀市の加賀温泉郷マラソンの5kmコースに参加すべく、山中温泉の次女の家にいた。そのとき、テレビで熊本地震を知った。

今年2024年2月からの千葉県群発地震には、千葉県松戸市に住む長女が関係している。長女が言うには、もし地震が起きれば、何とか埼玉県の大宮まで行き、上越新幹線・北陸新幹線で次女のいる加賀市に疎開するのでよろしく、と館ファミリーのLINEグループで次女と遣り取りしている。

阪神大震災前の猪名川町の群発地震の前例があるように、小規模の群発地震は不気味である。長女が千葉群発地震を気にするのは理解できる。私もそう思う。

今回の能登半島地震でも、群発地震、と言うよりもっと大きな地震が続いていた。逆にだからもう来ない、との楽観論もあったそうだ。

ここ私の住む阪神間も、南海トラフ地震等々が予測されている。

今年8月8日、宮崎県の日向灘で発生したマグニチュード7・1の地震を受け、南海トラフ地震の想定震源域で、大規模地震が発生する可能性がふだんと比べて高まったとして1週間の『南海トラフ地震臨時情報（巨大地震注意）』が発表された。対策推進に指定地域の海水浴場などの観光地が非常に大きな影響を受けた。

阪神間も1995年に地震があったから、しばらく地震はないとは言い切れない。そもそも地震のメカニズムが異なる。阪神大震災は直下型地震で、南海トラフ地震はプレート型地震である。

今言えることは、「備えること」である。1995年の阪神大震災では、私の場合、ラッキー要素があって結果的に備えられていた。すなわち備蓄していなかったが、たまたま前日に車にガソリンを入れ、注文間違いで精米10kg袋が2袋あった。少し意識的だったことと言えば、前述の震災10話の第1話のように会社の安全課が回覧した地震防災関連の新聞記事のコピーにより、壁掛け用の懐中電灯と金平糖入りの乾パンの缶詰めを購入したことであった。

現在は、高齢者になったこともあり、とにかく食料をたくさん、おそらく合計すると2か月分ぐらいの量を備蓄している。

今は定番の缶詰や乾パン、即席ラーメンだけではなく、レトルト食品が多数あって助かる。

問題は、私と妻がいつまで自動車を運転できるかだ。残念ながら子どもたちは千葉県松戸市、石川県加賀市で暮らし近くに居ない。高齢者のケアをどうする？　他人事ではない自分自身のことである。切実!!　公的な仕組みに頼らざるをえない。その充実に期待したい。

第4章　被災事業への他社の支援

阪神大震災直後の当時のレポートでは触れなかったけれども、私の関係する仕事が、地震で大打撃を受け、その対応のために文字通り東奔西走していた。

そのときに利用した飛行機から見た会社の被害の様子は、震災10話の『第9話　飛行機から見る青いシート』の中で、壊れた建屋の光景を少しだけ記している。それは私が開発・製造で関わっていた工場建屋そのものであった。

震災後にお世話になった、支援していただいた会社など、30年後の今だから書けるし、書かねばならないことがある。そのときの状況をここでレポートする。

*

伊丹市は全体としては、震災被害の大きかった隣接する西宮市などと比べると、地震の影響はるかに少なかった。

しかし、当時しばしばテレビで放映されたり、新聞などの報道写真にあるように、1階部分がペチャンコになった阪急電車の伊丹駅と同様、住友電工伊丹製作所はことのほか地震被害が大きかった。当時の新聞報道では公称の被害総額は約90億円。

恐らく地下の断層の位置と関係していると私は思っている。

ビジネスとして、サプライヤーとしての被災の問題の最優先事項は、夜勤で働いていた社員の被災状況の確認とその対応である。幸い夜勤者で負傷者はいなかったと聞いている。次いで、企業の社会的役割、すなわちユーザーへの供給責任である。期日通りに製品を納めることである。


私は、従来のアルミニウム合金にはない低熱膨張率などの特性をもつ、たとえば40%シリコン合金などを、急冷凝固アルミニウム合金粉末を用いて作る、新素材の開発・製造に携わっていた。

当時、すでにカーエアコンのコンプレッサーの高強度・高耐摩耗性の部品等々として使われていた。

指定した組成の粉末は粉末メーカーに依頼し購入していた。社内の製造プロセスの主工程は、１５００トン押出機・プレスを用いて、納品する製品の形状に近いニアネットシェイプで４００〜５００℃の熱間で押出する工程だ。押出後の素材を高精度の寸法に仕上げる精密加工は研磨機などを用いてユーザー側で実施していた。

熱間押出工程はふたつの技術的役割がある。

ひとつは粉末を熱間で押出すことで材料を緻密化することである。粉末の集合体は緻密化することで材料中の気孔をなくし粉末同士の結合が向上する。その結果、ジュラルミンなどのアルミニウム合金を上回る強度や耐摩耗性を得ることができる。

もうひとつは、研磨などの後工程の精密加工時の加工代を少なくする。すなわち高い寸法精度の押出材にすることである。そのための最重要設備が押出機である。

その押出機が２階建ての工場建屋の１階に設置されていた。その建屋の２階が地震で崩落し、押出機の上に落ちたのだ。押出機が使用不能になった。

復旧するまで９か月かかる。１９９５年度上期末にあたる９月末までかかる、と社内の設備部署により予測されていた。

となると、競争相手の会社を含めて、押出機を貸してくれる会社を探さなければならない。

そのことが、地震発生後の社内での私の任務となった。私が競合他社の技術者とコンタクトがあったためである。

もちろんアルミニウム合金粉末を固化する方法、固化したものを加熱する方法、それを押出す場合の金型の設計図面と設計思想、押出された押出材の後工程、熱処理や切断の仕方、切断鋸刃《のこば》の提供、製品の検査方法等々を相手企業に開示しなければならない。

こちらがすべてを開示すると言ったとしても、相手がＯＫする保証はない。またＯＫ後に、試作検討の条件の実際的な打合せが要る。試作が上手くいけば、次ステップの本格生産のための協力、すなわち押出機をわれわれ住友電工のために使用する時間を割いてもらわなければならない。そのお願いをしなければならない。

相手企業にしてみれば、コンペティターの住友電工に対して、応援するそんな義理はない。

＊

最初に支援のお願いを打診したのは、被災した事業の内容にもっとも近い会社である。新素材の関係の学会や、特許係争で顔見知りの、最大の競争相手のＲ社のＫ氏にお願いの電話をした。

Ｋ氏いわく、

「R社は押出機の設備能力がギリギリの状態で製造・運営している現状なので設備能力に余裕がない。御社分までとても対応できない。しかし、当社R社と共同開発契約を結んでいる昭和電工は、原料のアルミニウム合金粉末のメーカーであると同時に、押出機を何基か持っている。設備に余裕があるか、御社が望む1500トンと同等の仕様の押出機があるかどうか、打診してみては？」

と、私に助言してくれた。

すぐに、R社のK氏と同じく特許係争中で顔見知りの昭和電工の平野忠男氏【注3（巻末）】に電話をした。平野氏とは東京の昭和電工の事務所で新素材のアルミニウム合金の合金組成に関して、双方の特許部の担当者を伴って、特許係争の話し合いのため何回か会ったことがあった。名刺交換もしていた。私と同年配である。

私の方から、最初に、震災による被害状況、建屋が再建され設備が稼働するまでには、9月までかかると予想されていることなどを話した。ついで、ユーザーに供給する量産品の代替生産をするための試験・トライアルをしたいこと。そして、品質をユーザーがOKすれば、昭和電工側で生産をして欲しい。必要なら慣れた技術者・作業者を出向させる。もちろん製造条件などは全部オープンにする。また押出機を使用した時間はそのチャージ分は支払う等々を電話で話した。

平野氏は、

「被災した住友電工さんから、館さんから、応援の要請があるかもしれないと思っていました。あれば、全面的に協力しようと決めていました。社内での調整はすんでいます。ですから、できるだけ早く対象の押出機のある喜多方工場に来てください。打合せや代替のための試作を一緒にしましょう」

と言った。私は、その率直さと先見性に驚いた。

また平野氏の思いというか、好意というか、優しさを感じた。それに加えて、昭和電工という企業の懐の深さを私は知った。

平野氏が自分の思いで動いていることに感銘を受けた。またそのことを許容する会社の柔軟さに驚いた。

私からの支援要請の電話があることを予想し、そのための準備、社内の根回しまで事前にしていた。喜多方から遠く離れた阪神大震災で被災した競合他社を気にかけていた。それも、住友電工の被災を自分たちが拡販するチャンスと思うのではない。その逆に、競合他社からの要請がある前に支援する計画を立てていたのだ。

それとともに、その大局観というか、新素材開発、技術開発のためには一致団結し、会社間の壁など気にしないというスケールの大きさを見せつけられたと思った。

通常は、震災などがない状態では、両者は新素材開発で鎬《しの》ぎを削るコンペティターである。特許係争の交渉も現実にしている。そういう仲だ。

しかし一方で両者は、新素材を世に広めよう、広めたいという共通の思いがある。その思いが一社の目先の利益追求よりも勝ったということだろうか。新素材を世界に広める視点からは、会社や所属は関係がない。きっと平野氏は、そう、思われていたのだと私は思った。

科学の進歩は特定の企業を利するものではない。人類全体に利益になるようにすべきものだ。一方、技術の進歩に関して言うと、世界的に特許制度があるように、特許があれば、ある年限、ある企業がある技術を独占的に実施することが認められている。

しかし、阪神大震災のような場合にどうするか？　競争相手が被災し困っているとき、これ幸いにと拡販するのが、人類にとって本当によいのか。それが人の道にかなうものか。そうではなく、被災企業が立ち直ってから競争する、立ち直るまでは、競争相手を支援するのが人の道ではないか。

平野氏の思いの根底には、そのような人道主義にもとづく志向があったのではないかと私は思っている。

　私は具体的な段取りを話した。

「ありがとうございます。すぐに地震の被害から免れた仕掛品を送ります。ＣＩＰ（Cold Isostatic Pressing）で原料粉末を圧縮して固めた密度が真密度の70％の押出用ビレットです。それと、御社の押出機の専用ビレット加熱炉は使用できませんので、当社のＣＩＰ体ビレットを加熱する炉を御社へ発送します」

　平野氏は、ビジネス的なことを離れて、

「喜多方は今、雪、雪、雪で寒いです。が、その分、こんな時期に県外から館さんが来られるのは大歓迎です。喜多方ラーメンが有名ですが、それだけでなく、いろいろ美味しいものがありますし、お酒も美味しいですから・・・」

と応えた。その言葉に私は励まされ、泣きそうになった。

　すぐに押出用の素材ＣＩＰ体と加熱炉を喜多方に送り、同時に私も喜多方に向かった。


　伊丹空港から離陸して福島空港に飛んだときに見たのが、前述の震災10話の『第9話　飛行機から見る青いシート』である。その青い色は30年後の今も目に焼き付いている。

福島空港からJR郡山駅へのバスから見た寒々とした雪景色、郡山から喜多方へ向かう列車の車内がたいへん暖かかったこと、車窓から見た雪景色、すべてが鮮やかに記憶に残っている。
そして何より、迎えていただいた平野氏はじめ昭和電工の方々の好意は生涯忘れることができない。震災、地獄に仏と感じた。

当初、9月末までかかると思われた会社の建屋と工場・設備の復旧は、何と！3月末に達成できた。それには三つの理由がある。

第1は、伊丹の工場周辺の住民のみなさんの理解と応援がある。本来なら夜間での復旧工事はできない地域との協定があった。が、震災の復旧のためということで、昼夜24時間OKと特別に認めていただいた。

第2は、再建する建屋を元の2階建てではなく、シンプルな鉄骨がメインの平屋にしたことである。それにより、著しく再建期間の短縮が図れた。

思いのほか早く元の設備、押出機で生産が可能になった。このことは品質面できわめて重要である。設備変更による製品の品質確認のための諸試験が不必要になる。

第3は、新素材、新製品ということで在庫と仕掛品がたくさんあったことだ。

その三つで結果的に昭和電工はじめ、他社に生産依頼をする必要がなくなった。代替生産の可能性を探っていたのは、昭和電工以外にも2社あった。合計3社の中で、どの会社での代替工程・生産が品質的にベストかはわからない。それで、3社全部に代替生産に必要な押出機の時間チャージの予約を9月末までお願いしていた。

当然だが、どの会社も設備稼働率を上げるために、設備が稼働しない時間を減らそうと努力している。従って、住友電工の被災応援のための稼働時間を確保するためには、納期を遅らせることが可能な製品・案件を後ろにずらす、利益率が低い製品は数量を減らす（顧客の要求通りの数量に応じない）などの措置が必要である。場合によっては、高利益率の受注を断って時間を確保する必要がある。

4月からは自社で生産できるようになったが、当然、9月まで予約をお願いしていたので、実際には押出機を借用しなくても、9月までの分は住友電工としては支払うつもりでいた。

昭和電工ともう1社のS社は、3月末までの実際に試作などで押出機を使った時間のみの請求であった。すなわち4月から9月までの半年間の逸失利益については請求しなかった。換言すると、被災企業への支援、カンパだ。

大企業同士というか、大小さまざまな企業の間で、その取引において、阪神大震災のような際には、私や住友電工が経験したような支援が、おそらく至る所、たくさんの企業が行っていたのだと思う。

また一方、3社のうちの1社N社は、きちっと、9月までの6か月分の逸失利益分も請求した。そういう企業もあった。

逸失利益を請求するあるいは請求しない、どちらが企業間の取引のマナーとして相応しいのかということはここでは問わない。被災した住友電工としては、支払うべきお金は支払う姿勢であった。他方、押出機を有しながら試作検討にすら応じてくれない会社もあった。そういう企業と比較すると試作検討に応じてくれたN社に足を向けて寝れない思いである。

N社の名誉のために言っておくが、逸失利益を放棄した昭和電工とS社は、住友電工と同様アルミニウム合金粉末の新素材を開発・製造していたけれども、N社はしていなかった。

その新素材の材料開発に対する思い入れの有無が、逸失利益の請求の有無に、顕著に表れたのではないかと私は考えている。

しかし、被災者、被災企業の社員という二重の被災者の私としては、昭和電工とS社の逸失利益を請求しなかった会社と、平野氏ほかそこの社員の方々に、大いに励まされたことは確かである。

逆の立場、支援する立場のときには、個人としても会社・組織としても、平野氏と同じように振る舞いたい。

おわりに

私の今までの人生で節目、転機がいくつかあった。そのたびに新しい発見があった。しかし、今までの人生を総括的に考えて、何が一番、私自身にとって衝撃的であったか、生死を考えさせられたかを振り返ってみると、ダントツで阪神大震災の経験である。

もちろん生死のこともあるが、それだけではない。自然、技術、社会、会社、地域、親子を含めた家族について考えさせられた。それら様々なことを、感じ、見て、知って、動いて、そして思ったことがある。

逆に言うと、阪神大震災に遭遇しなければ、さまざまなことを感じなかったし、見なかったし、知らなかったし、動かなかったし、何も思わなかった、かもしれない、ということだ。

そして震災後30年の今、思うのは、バウンダリー誌に阪神大震災の現場レポートを書くように小林さんが原稿依頼をしたことの意味が大きかったことである。原稿依頼とそれにＯＫしたことによる約束、束縛がなければ、この手記のような記録は残せなかった。書くための時間を確保できなかったにちがいない。

私が経験した阪神大震災に相当することが、今の日本や世界のあちこちで起こっている。日本で言えば、2024年元日の能登半島地震。世界で言えば、2022年からのロシアによるウクライナ侵略、2023年からのイスラエルによるガザでのジェノサイド。ただウクライナやガザは戦争だ。自然災害ではない。人・国家・政治が関わった戦争である。そこが阪神大震災とは違う。

自然災害の阪神大震災で受けた衝撃は私の人生で最大であった。しかしそれにプラスして、人為的な戦争で受けた衝撃、心の傷はいかばかりかと想像する。

それは阪神大震災の被災者には存在しない。そういう厄介な心情、それがないだけでも今の私たちは衝撃が少ない、ある面、助かっている。

長期的には、私には残された時間は少ないが、100歳まで生きる気でやらねばならないことがある。それは、地球温暖化を止める活動だ。このままの状態で子や孫に引き継げない。阪神大震災の教訓すなわち、科学・技術が教えることは、時間的なずれがあったとしても、必ず起こる、必然であるということである。地球温暖化防止も同様である。

他方、幸いにも、温暖化防止のためにしなければならないことも科学・技術の進歩で明確になってきている。たとえば、石炭火力発電を止め二酸化炭素の排出を減らすことである。そして再生可能エネルギーを大規模に導入すればよい。そのことが科学・技術によって明確に提示され、検証されている。

だとすれば、その課題に取り組まねばならない。それは当然の理である。

子や孫の世代と一緒に共同して、地球温暖化防止を周りに、世に訴えていきたい。そのことで世界につながり、世界の人びととともに世界を動かしたい。そして子や孫に引き継ぎたい。

完

◆注釈

P.5【注1】

少々長くなるが、私と小林文武さんとの交友関係の経緯を述べる。

月刊雑誌『金属』（出版社はアグネ）の編集者であった小林さんと私が親しくなった発端は金属学関係の専門書の書評の依頼である。

私は金属関係の技術者、研究者であった。それで、少し年上の小林さんが『金属』の編集者であった頃から付き合いがあり、頼まれて金属関係の記事を書いたり、金属学の専門書の書評をいくつか書いたりしていた。そのことで、金属の技術を広く、俯瞰的に見ることの重要さを学ばせてもらったと思っている。

また大学時代の親友で在日コリアンの張博さんの博士論文の内容を軸にして、ほかの若手を含む技術者・研究者の力を結集し、共編著で『球状黒鉛鋳鉄』という金属学の専門書を出版した。普通の鋳鉄の金属組織内の黒鉛は片状である。それで鋳鉄は脆い。鋳鉄内の黒鉛が球状になると脆くなくなる、すなわち延性、塑性変形が可能となり粘り強くなる。普通に鋳鉄を鋳造すると脆い片状黒鉛鋳鉄になる。『なぜ球状黒鉛鋳鉄の組織内の黒鉛は丸くなるか？』に関して基礎・理論・応用を網羅した著書である。

小林さんの支えがあって『金属』の出版社からの出版が実現した。１９８３年のことである。同書は、その後、中国で中国語の海賊版が出版され、同国の多数の論文・レポートに引用されている。エピソードの一つだ。

１９８５年に小林さんは独立し、コンパス社を設立。金属だけではなくその周辺・境界も視野に入れた材料開発ジャーナル誌のバウンダリーを創刊された。


そういう個人的な小林さんとの関係もあって、小林さんの１９８５年の独立後、技術問題に関してのコラム、コメントの依頼があった。

しかし、１９８３年に私の母親が脳梗塞で倒れた。病院での付き添いや退院後の介護でたいへんな時期であった。父と私の妻がメインで介護にあたったが、私も含めた三人が交代で看護・介護をしなければならなかった。

今から思うと、父が元気で母の介護の対応をしてくれていたので、私は非常に助けられていたと思う。母が県立尼崎病院に入院中は、金曜日と土曜日、夜間から翌朝までの付き添いを私が引き受けた。他の日の夜は父が付き添った。母親の病院のベッドの横に折り畳み式のボンボンベット（当時そう呼ばれていた）を並べて横になり寝ながら見守る。昼は父と妻が交代で付き添った。

そういう状況のため、会社の仕事だけで目一杯で、それ以外にバウンダリー誌向けにレポートを執筆する時間的余裕はまったくなかった。

しかし1988年に、68歳の若さ（？）で母が亡くなった。母が亡くなったことで、時間的余裕ができた。

そのときに、

「個人的なことでいいので、製造現場の様子や、さまざまな技術問題、技術・産業と関連した政治・経済問題などのコラム・エッセイの欄を設けたい。技術者の『寸談時評』の1ページのコーナーを作りたい。半ページでもよい。執筆して協力して欲しい。多面的な意見・情報の載った雑誌、まさにバウンダリー（境界）がそこかしこにある、そういう雑誌を目指している」

と小林さんに誘われた。

それで技術者による『寸談時評』をバウンダリー誌に1988年から書き始めた。

バウンダリー誌にそういう誌面が阪神大震災の前からあった、もともと存在していた。しかもその執筆者の私が阪神大震災に被災した、ということで緊急レポートの機会が得られたと私は思っている。

残念ながら、2000年代の後半の私が韓国に駐在した時代に、小林さんとは消息が不通になった。現在、どう過ごされているか? わからない。おそらく、2010年前後に亡くなられているのではないかと思っている。

P.40【注2】

私の住む海抜500mの山側は地盤が固かったこと、また地震波の重なりによる増幅が少なかったことで、被害が小さかったと考えられる。地盤が緩く地震波の重なりによる増幅があったと考えられている芦屋の市街地では被害が甚大であった。

芦屋市のサイト「阪神・淡路大震災　芦屋の記録」と内閣府の防災情報「阪神・淡路大震災の概要と被害状況」によると死亡率では芦屋市は神戸市を超えている。すなわち、芦屋市(死者444人/1994年人口約86000人)の死亡率は0・51%で神戸市(死者4564人/人口142万人)の0・32%の1・6倍である。

P.91【注3】

今は故人。定年後、蕎麦打ちの修行をされていた。『機会があれば、私の打った蕎麦をご馳走します』と年賀状で書かれていた。残念ながらかなわなかった。

◆略歴
1947 年大阪府枚方市生まれ。
1971 年京都大学大学院修士課程修了後、東京大学生産技術研究所に勤務。工学博士。
1980 年から 1 年間、西独マックスプランク金属研究所でフンボルト奨学研究員として従事。
1983 年から住友電気工業㈱（および関係子会社、国内、タイ（2 年)・韓国（5 年）駐在含む）に勤務。
2009 年退職。
2010–12 年　ラオス商工省中小企業開発振興事務所で工場管理支援（JICA シニアボランティアとして）。
2012–15 年（一般社団法人）大阪発明協会の事務局員として従事。

◆著書
『ゲージ・計測器』（文芸社）

阪神大震災《はんしんだいしんさい》
そのとき、何《なに》を感《かん》じ、何《なに》を見《み》て、何《なに》をしたか

2025 年 1 月 17 日　第 1 刷発行

著　　者　舘《たて》　薫《かおる》
制作・発売　神戸新聞総合出版センター
〒 650-0044　神戸市中央区東川崎町1-5-7
TEL 078-362-7140 ／ FAX 078-361-7552
https://kobe-yomitai.jp/
印　　刷　株式会社 神戸新聞総合印刷

ISBN978-4-343-01250-0 C0095